Vom Badetag und Stillen Örtchen

Gereimte Kindheitserinnerungen

1941–1956

von

Karin Viebach

Für meine Tochter Susanne

6., überarbeitete Auflage 2004
Herausgegeben im Selbstverlag

Herderstraße 1 · 30559 Hannover
Telefon 05 11 - 52 52 25

ISBN 3-00-005030-2

Redaktion: Hugo Thielen M. A.
Satz: thielenVERLAGSBÜRO (www.hugo-thielen.de)
Druck: Münstermann GmbH & Co. KG · Hannover
Illustrationen: Monja Klein
Printed in Germany

Inhaltsverzeichnis

Waschtag – gestern und heute

Der Waschtag meiner Kindertage –
'ne Plage war's, ganz ohne Frage.

Erst wurd' die Wäsche eingeweicht,
dann vorgewaschen, noch ganz leicht,

auf dem Brett sodann geschrubbert,
gekocht im Kessel, bis es blubbert.

Heraus gehievt, ganz heiß und flockig,
zum Spülen in den Wasserbottich.

Durch das Wringholz durchgezwängt,
zum Trocknen auf den Hof gehängt.

Doch mittags konnten wir uns laben
an Milchreis, tief im Bett vergraben.

Ganz anders heut'! Da geht's mir gut,
ich gehe aus mit Schirm und Hut.

Die Waschmaschine ist bestückt,
der Knopf zum Waschgang schon gedrückt.

Getrocknet wird mit heißer Luft,
ganz weich und mit Lavendelduft.

Doch nach wie vor ist eine Qual
das Bügeln, da bleibt keine Wahl.

Wie früher müssen wir uns schinden!
Kann einer nicht mal was erfinden?

Badetag 1941–1945

Freitags heizte uns're Grude
mollig warm die kleine Stube.
Es war Familienbadetag.
Das Handtuch auf dem Ofen lag,
groß aus Zink die Wanne,
neben dran die Wasserkanne.

Griffbereit auf einem Hocker
lagen hier verteilt ganz locker
Seife, Bürste, Tuch und Lappen.
Lasst mir bloß nichts überschwappen,
hört ich meine Mutter sagen,
wenn wir in der Wanne lagen.
Und aus der Wanne kam ein Duft,
ein Fichtenwald lag in der Luft.

Zuerst stieg ein der Herr Papa,
es folgte dann die Frau Mama.
Jetzt durfte auch mein Bruder Klaus,
der wollt' nie aus der Wanne raus.
Er machte mit Gespritze
mit seiner Quietsche-Ente Witze.
Er ließ sie tauchen, ließ sie schwappen,
als Schiff nahm er den Seifenlappen.

Am Ende durfte ich hinein,
das Wasser war nun nicht mehr rein.
Doch das war mir egal.
Hatt' ich denn eine Wahl?
Kaum saß ich in dem trüben Nass,
da wurd' mir um die Nase blass;
denn ich verspürte, mir ward bang,
dass Wasser stets zu Wasser drang.
Drum war ich auch die Letzte
beim Freitagabendbadefeste.

Das stille Örtchen

Ganz genau entsinn' ich mich,
dies Örtchen war ganz fürchterlich.
Abseits lag's, gleich links vom Haus,
man musste auf den Hof hinaus.

Ein Herzchen schmückt' des Örtchens Tor,
und es war kalt, so dass man fror.
Der Sitz ganz hart und ohne Brille
und an der Wand 'ne Halterille.

Ein Holzpflock hat die Tür verriegelt,
vor fremden Blicken fest versiegelt.
Gemütlich war's wahrhaftig nicht,
es gab auch kein elektrisch' Licht.

An Wasserspülung nicht zu denken,
ein jeder musste selber lenken,
was er vollbracht, ob groß, ob klein,
ins runde, dunkle Loch hinein.

Kniff nachts der Bauch, es war 'ne Qual,
dann hatten wir gar keine Wahl.
Wir mussten über'n Hof hinaus
zum zugig kalten, hölzern Haus.

Im Nachthemd sind wir dann gerannt,
oft mit der Lampe in der Hand.
Für's Kleine war es nicht so weit,
ein Töpfchen stand dazu bereit.

Wie war das doch mit der Hygiene?
Verzeiht, wenn ich es hier erwähne.
Für Frische und für Sauberkeit
lag »Weiches« leider nicht bereit.

Oh nein! Fein säuberlich und im Quadrat
lag Zeitungspapier dafür parat.

Nachrichten von vergang'nen Tagen,
in vielen, vielen Lagen;
ganz ohne Klagen benutzten wir
das harte, hölzerne Papier,
das am Faden an der Wand
sich in großer Zahl befand.

Was wiederum von Nutzen,
es war nicht nur zum Putzen.
Nein, man konnte darauf lesen,
was in vergang'ner Zeit gewesen.

Oft hatten wir auch großes Glück,
erwischten vom Tagesblatt ein Stück
mit spannender Geschichte,
die lasen wir beim Funzellichte.

Doch Bilder aus dem Weltgeschehen,
im Ausschnitt waren nur zu sehen,
Berichte gab's in kleinen Stücken.
Hat darum meine Bildung Lücken?

Das Bett in meiner Kammer

Ich seh sie vor mir, meine Kammer,
doch nein, es war kein Jammer,
sie lag ganz oben
gerade unterm Boden.

Ein Stuhl, ein Topf, ein Bett,
ein Wandbild, ach, wie nett,
mehr passte nicht hinein,
sie war wirklich klitzeklein.

Die Wände schräg, das Fenster rund,
aus einem ganz bestimmten Grund.
Es konnte halbschräg offen stehn,
und Wald und Wiesen konnt' ich sehn.

Ich fühlte mich geborgen,
glücklich und ganz ohne Sorgen,
in meinem Kuschelbett,
welches sauber und adrett
an der rechten Seite stand,
der Topf darunter sich befand.

Oh ja! Ich hatte großes Glück,
von Oma erbte ich das Stück.
Es quietschte, ich vergess' es nie,
ein ganzes Bett voll Harmonie.
Strohsäcke als Matratzen dienten,
welche auch die Flöhe liebten.

Auf der Matratze türmte sich
ein Unterbett, ganz fürchterlich.
Mit Gänsefedern angefüllt,
mit Leinenlaken fest umhüllt.

Das Laken kratzte, die Flöhe bissen,
trotz allem wollt' ich es nicht missen.

Am Kopf das Kissen, nicht zu knicken,
ich konnte aus dem Fenster blicken,
wenn ich darin versank
und in den Federn fast ertrank;
dazu ein Deckbett wie ein Turm.
Rund ums Dach da tobt' ein Sturm,
der Regen über's Fenster rann,
der Schlaf mich zog in seinen Bann.

Ins Traumreich ich sofort versank,
verzaubert, wie nach einem Trank.
Er führte mich ins Märchenreich,
mit Feen, Trollen, wolkenweich.

Riesenblumen sah ich winken,
ließ mich auf bunte Wiesen sinken.

Aus tiefem Schlaf ich dann erwachte,
so zwischen sieben und halbachte.

Heute sind die Betten leichter,
und der Schlaf auch etwas seichter.

Doch das Träumen, in der Tat,
hab' ich bis heut' mir aufbewahrt.

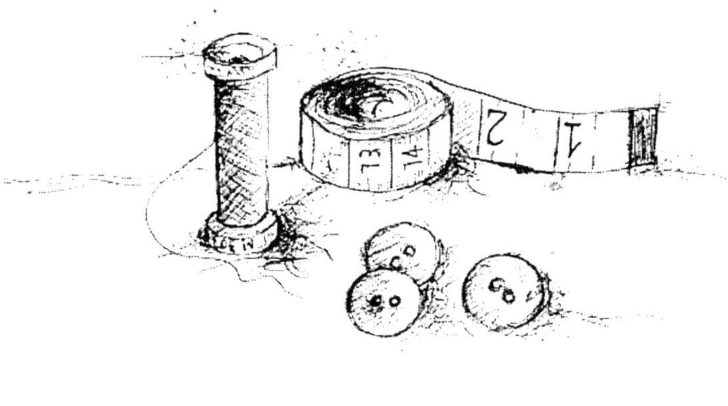

Unsere Oma war patent

Die vierz'ger Jahre liegen weit!
Es war eine harte Zeit.
Ich war noch Kind;
doch trotzdem sind
sie mir wert geblieben,
im Gedächtnis festgeschrieben.

Oma hat dort ihren Platz,
Familien-Oberst und auch Schatz.
Oma hat, nie werde ich's vergessen,
alle Macht im Haus besessen.

Kam sie zu uns, gab's keine Fragen,
Oma hatte dann das Sagen.
Kam sie mit der Putjenentenkiste,
sie brauchte wirklich keine Liste.
Pflaster, Nagel, Knopf und Band,
man alles in der Kiste fand.

Ach, was war das ein Vergnügen,
durft' ich in dieser Kiste wühlen.
Knöpfe gab's, das war mein Geld,
damit kaufte ich die Welt.
Durch des Garnes große Rolle
zog ich ein Band aus reiner Wolle.
Das war mein süßer, kleiner Hund,
er war ganz bunt und kugelrund.

Oma konnte kochen, nähen, stricken,
machte Kleider aus den alten Flicken.
Die große Decke, die kariert,
schnitt sie zu und hat probiert,
schnell gemessen mit dem Band,
flott ging's der Oma von der Hand.

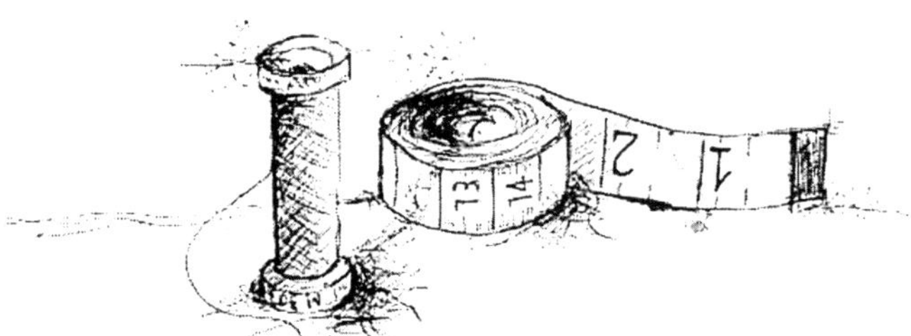

Ein Mantel sollte draus entsteh'n,
sollte wärmen, wenn die Winde weh'n.
Gedacht war er für uns're Mutter,
mit echtem warmen Lammfellfutter,
welches früher sich verbarg,
weil es auf der Matratze lag.
Er wirkte schick und passte gut
dazu gab es noch einen Hut.
Der alte gedämpft in neuer Form,
mit 'ner Brosche ganz aus Horn.

Gewendet hat sie die saloppe,
Vaters braunkarierte Joppe.
Denn mein Bruder Klaus,
wuchs aus seiner Kleidung raus.
Er brauchte eine neue Jacke,
ausgepolstert mit viel Watte
und einer großen Taschenpatte.
War dem Bruder sie zu klein,
passte ich dann noch hinein.

Und stricken konnte sie,
die Wolle auf dem linken Knie,
rechts und links und auch patent,
was heute kaum noch jemand kennt.
Jacken bunt mit Büschelmaschen
und mit Blümchen auf den Taschen.

Und Schustern? Das war ihre Stärke,
meisterhaft ging sie zu Werke.
Aus einer alten Bohle
schnitzte sie die Sohle,
genagelt hat sie beiderseits –
oh, das hatte seinen Reiz –
dann rot bemalte Lederriemchen,
fertig waren die Pantinchen.

1
2
14
13

Ich war glücklich und so stolz
auf die Schuhe ganz aus Holz.

Oma war im Element,
ging's um Leibchen, Hose, Hemd.
Rasch den Zuckersack zerschnippelt
und den Rest schnell aufgeribbelt.
Oma hat ganz flott gehäkelt,
nein, wir haben nicht gemäkelt.

Tapfer haben wir's ertragen,
es schlug mir manchmal auf den Magen,
dieses Kratzen, Zwicken, Jucken.
Noch heut' spür' ich die Nerven zucken,
sobald ich rückwärts schaue
auf meine Unterhos', die blaue.
Denke ich daran, noch heute
bekomm' ich tausend Gänsehäute.

Sonntagmittag

Der Tisch, er wurde fein gedeckt,
mit weißem Leinentuch bedeckt.
Gold umrandete Gedecke,
silberfarbige Bestecke
schmückten uns'ren Mittagstisch,
alles appetitlich frisch.
Und kunstvoll standen sie Servietten,
aufgereiht wie die Kadetten.

Hühnersuppe Mutter kochte,
die ich ja so gerne mochte.
Das Hühnchen wurd' im Topf versenkt,
frisch gerupft und angesengt.
Mit dem Hühnerfleisch, dem weichen,
mussten wir recht lange reichen.

Sonntags gab es Frikassee,
zum Nachtisch Pudding mit Baiser.
Montags gab es Reis dazu,
aufgeputzt war das im Nu.
Dienstags gab es was für Kenner,
Pellkartoffeln war'n der Renner.
Mittwochs wurd' das Fleisch verfeinert,
alles noch einmal zerkleinert.
Donnerstags, das war das Beste,
aßen wir des Sonntags Reste.

Nach dem sonntäglichen Essen,
werde das wohl nie vergessen,
wurde abgewaschen ein Gewirr
von allem möglichen Geschirr,
Geschirr in Riesenmassen –
Töpfe, Teller, Suppentassen,

auf dem Tische aufgereiht,
wartend auf die Sauberkeit.
Auf dem Ofen pfiff der Kessel,
wir sprangen auf von Stuhl und Sessel.

Der Waschtisch wurde aufgezogen
und eingefüllt die Wasserwogen,
das Geschirr dann eingeweicht,
bis der gröbste Schmutz entweicht.
Die zweite Schüssel war für's Feine,
nochmal gespült, und es war reine.

Beim Abwasch haben wir gesungen,
manchmal hat es gut geklungen.
Dann ging's ums Trocknen und Polieren,
da durft' ich keine Zeit verlieren;
jetzt gab es meistens ein Zerwürfnis,
denn ich verspürte ein Bedürfnis.
Doch Mutter hatte mich durchschaut,
die Teller kunstvoll aufgebaut,
ließ sie mich ruhig geh'n,
den Abwasch aber ließ sie steh'n.

Zucker

Was ich nicht sollte

Von der Schule kam ich heim.
Niemand zu Haus. War ich allein?
'nen Zettel auf dem Tisch ich fand:
»Gruß und Kuss, bin über Land.«

Mutter, die organisierte,
ich jedoch probierte
etwas, das ich gar nicht sollte.
Ich aber tat's, weil ich es wollte.

Dazu nahm ich ein halb Pfund Zucker
und noch eine kleines bisschen Butter.

Ein großer Topf, der musste her,
denn es sollte etwas mehr
von den leck'ren Dingern werden,
die ich liebte heiß auf Erden.

Schnell schürte ich des Ofens Feuer,
der glühte wie ein Ungeheuer.
Den Zucker in den Topf gefüllt
und mit der Butter leicht umhüllt,
musst' ich ihn jetzt zum Schmelzen bringen
auf den heißen Ofenringen.

Und ich musste eifrig rühren,
den Löffel flink im Topf rumführen.
Wenn ich herum mich einmal wandte,
ruck-zuck, er dann sogleich verbrannte.
Die Zuckersuppe wär' verkohlt,
der Topf wär' hin, und ich versohlt!

Bald lag ein zuckersüßer Duft
rings in der Küche in der Luft.

Zucker

Nun endlich war die Zeit gekommen,
den Topf ganz schnell vom Herd genommen.
Ausgegossen die heiße Masse
auf eine große Untertasse.

Die Zeit zum Kühlen war so lang,
wenn Mutter kam, mir wurde bang.

Schließlich war der Punkt erreicht,
vom Teller rutschte es ganz leicht
auf's pergamentene Papier.
Und dann, sofort und hier,
zerbrach ich flugs mit etwas Glück
die Karamellen, Stück für Stück.

Steckte sie in meine Taschen,
eines aber musst' ich naschen.

Sie waren so süß, so hart wie Knochen,
Oh Schreck! Ein Eckzahn – abgebrochen!

L 11 NdSachsen 506	A ④ 11 Febr.	A ③ 11 Febr.	A ② 11 Febr.	A ① 11 Febr.
L 11 NdSachsen 507	A ⑤ 11 Febr.	B ❸ 11 Febr.	B ❷ 11 Febr.	B ❶ 11 Febr.
L 11 [illegible]	H 11 Febr.	B ❹ 11 Febr.	T 36 11 Febr.	T 35 11 Febr.
Bundesrepublik Deutschland NdSachsen	100 g W-Brot 11 Febr. / 100 g W-Brot 11 Febr.	G 11 Febr.	500 g W-Brot 11 Febr. 6	500 g W-Brot 11 Febr. 5
E 135	100 g W-Brot 11 Febr. / 100 g W-Brot 11 Febr.	100 g W-Brot 11 Febr. / 100 g W-Brot 11 Febr.	100 g W-Brot 11 Febr. / 100 g W-Brot 11 Febr.	100 g W-Brot 11 Febr. / 100 g W-Brot 11 Febr.
Erwachsene ab 16 Jahre Februar 1950	FETT R 11 Febr.	BU ㉓ 11 Febr.	BU 22 11 Febr.	125 g Butter 11 Febr. 17
	FETT 11 S Febr.	250g Fett 11 C Febr.	250g Fett 11 B Febr.	250g Fett 11 A Febr.
11		15 ⑪ Febr. ZUCKER	500 g Zucker 11 Febr. ⓭	500 g Zucker 11 Febr. ⑫
Z 11 NdSachsen 503	Z 11 NdSachsen 505	Fleisch 27 11 Febr.	Fleisch 11 26 Febr.	Fleisch 25 11 Febr.
Z 11 NdSachsen 502	Z 11 NdSachsen 504	Fleisch 11 23 Febr.	125 g FLEISCH 11 Febr. 13b	125 g FLEISCH 11 Febr. 13a
Z 11 NdSachsen 501		Fleisch 22 11 Febr.	125 g FLEISCH 11 Febr. 12b	125 g FLEISCH 11 Febr. 12a

Auf Lebensmittelmarken …

Milch gehörte zu den Dingen,
damals mussten wir drum ringen.

Auf Marken wurd' sie zugeteilt,
schnell man in den Laden eilt',
wenn frische eingetroffen war,
was leider selten nur geschah.

Vor Frau Blumes kleinem Laden –
hier konnten wir die Frischmilch haben –
stand wartend eine Menschenschlange.
Das konnte dauern, ewig lange.

Drum lehnte ich mich an die Wand,
die Kanne in der rechten Hand.

Dass ich mein Geld nur nicht verliere!
Zwei Groschen – oder war'n es viere? –
legt' ich sie in die Kanne nieder,
hier find ich sie zum Zahlen wieder.

So dachte ich gelassen heiter
und rückte in der Reihe weiter.
Nun endlich kam ich an die Reihe.
Zwei Liter Milch, oder etwa dreie?

Ach, nehme ich die Mitte,
eineinhalber Liter, bitte.

Im Eimer stand sie auf dem Tisch,
und käsig roch es, sauer frisch.

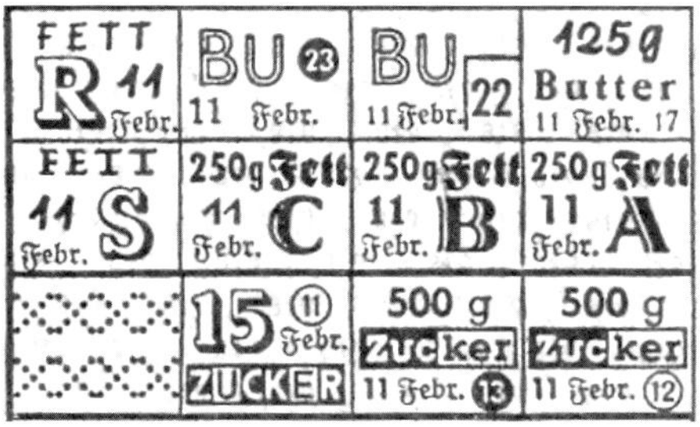
FETT R 11 Febr.
BU 23 11 Febr.
BU 22 11 Febr.
125 g Butter 11 Febr. 17
FETT 11 S Febr.
250g Fett 11 C Febr.
250g Fett 11 B Febr.
250g Fett 11 A Febr.
15 11 Febr. ZUCKER
500 g Zucker 11 Febr. 13
500 g Zucker 11 Febr. 12

Frau Blume nahm die große Kelle
und schöpfte damit auf die Schnelle
die Milch in meine Kanne.

Sofort erkannte ich die Panne.
In der Milch da lag mein Geld,
ach, was war ich für ein Held.

Sollt' ich in die Kanne fassen?
Die vielen Menschen, ich musst' es lassen.

Was sollt' ich denn bloß machen?
Mir war nicht mehr zum Lachen.
Auch Heulen hatte keinen Zweck.
Drum sagte ich ganz keck:

»Frau Blume, mit den Marken hier,
Sie sehen, es sind vier,
kann ich die Milch begleichen,
zweie werden doch wohl reichen?
Ich hab' auch Geld, komm' nur nicht dran,
so schreiben Sie doch bitte an!«

Mutter organisierte

Mutter ging auf Hamstertour.
Mit der Bahn sie fuhr
von Braunschweig in die Heide
in eine kleine Dorfgemeinde.

Hier war Mutter schon bekannt.
Mit dem Bollerwagen stand
sie vor des Bauern Mertens Tor.
Es war kalt, so dass sie fror.

Im Bollerwagen war'n Objekte,
was des Bauern Neugier weckte.
Für die festen Lederschuhe
tat sich auf die Vorratstruhe.

Dafür gab es Wurst und Butter,
für die Hühner etwas Futter.

Damit wir ja nicht hungern mussten,
wovon wir damals noch nichts wussten,
tauschte Mutter unser Silber ein
für ein halbes fettes Schwein.

Friseurin war sie von Beruf,
was viele Möglichkeiten schuf.

Denn Mutter konnte ondulieren,
die Bauersfrauen fein frisieren.

Dafür gab es Speck und Eier
von dem großen Bauern Meier.

Kam sie abends mit der Beute,
ich erinn're mich noch heute,
da waren wir ganz aufgeregt.
Dieses hat sich erst gelegt,
als wir die Sachen stapelten,
bei Tische fröhlich tafelten.

Gott sei Dank, uns ging es gut,
wir hatten für die Zukunft Mut.

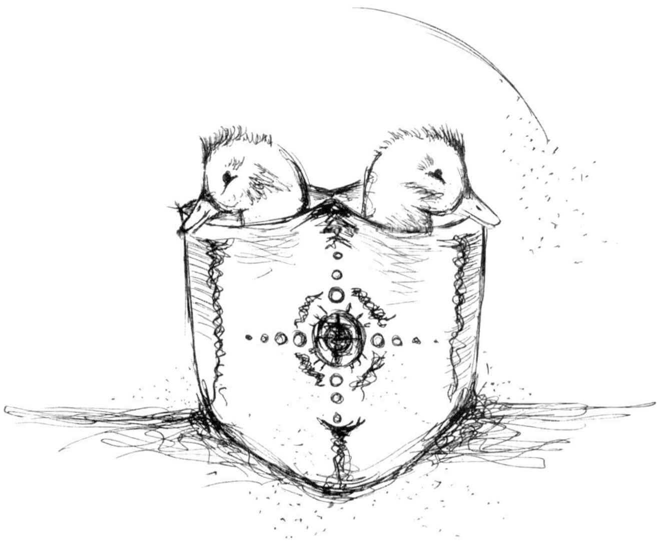

Zwei Mitbringsel

Fest lag ich da, in meinem Bette,
zugedeckt mit dicker Decke.
Krank war ich, ich lag darnieder
in meinem Bett mit hohem Fieber.

Mutter war auf Hamstertour,
wieder mit der Bahn sie fuhr.

Allein war ich mit meiner Puppe,
auf dem Nachttisch stand die Suppe
und der Tee zum Lösen
den Husten, diesen Bösen.

Der Schlaf mich übermannte,
ins Traumreich mich verbannte.
Bis Mutter leis' mich weckte,
mich zärtlich dabei neckte.

Schau her, hab' dir was mitgebracht,
sei vorsichtig, gib ja gut acht.

Ich konnte es nicht fassen,
mich vor Freude gar nicht lassen.

Aus einer Kaffeemütze schauten zugleich
zwei Gänseküken, flaumig weich.
Schnatternd sahen sie mich an,
sie zogen mich in ihren Bann.

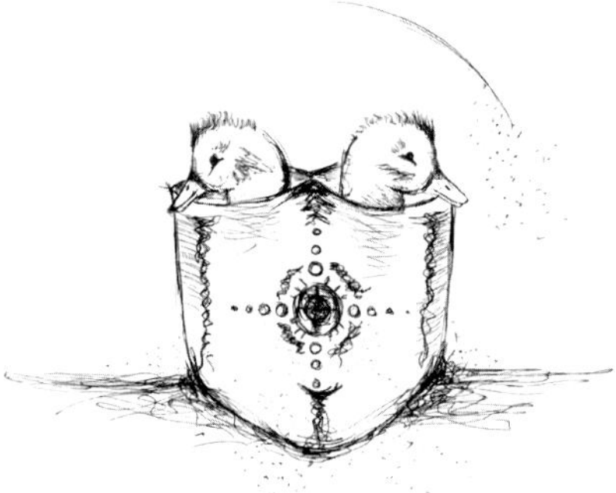

Bin ich etwa krank gewesen?
Von Stunde an war ich genesen.

Diese beiden Gänsekinder
schienen mir wie die Erfinder
einer wundersamen Kraft,
die es ohne Mühe schafft,
dass alles Trennende verschwand
und uns in Freundschaft fest verband.

Ihr Leben konnte ich nicht retten,
drum hass' ich alle Daunendecken.

Energiebesorgung

Die Winter waren eisig kalt,
es zog uns heimlich in den Wald,
um kleine Bäume abzuhauen.
Oh nein! Das galt da nicht als Klauen!

Wir sammelten auch Reisig, Äste,
die waren überhaupt das Beste.
Wenn sie im Ofen pufften, krachten,
uns mollig warm die Stube machten.

Denn Kohle, die war rationiert,
da haben wir sie organisiert.

Der Güterbahnhof lag nicht weit,
es war für uns 'ne Kleinigkeit,
mit Bollerwagen und mit Säcken
uns in der Nähe zu verstecken.

Mit Kohle voll beladen
die Züge kamen eingefahren,
meistens zum Rangieren
und um Kohle zu verlieren.

Flink sind die Jungen aufgesprungen,
nicht immer ist es gleich gelungen.
Doch kamen dann in hohem Bogen
Briketts und sehr viel Koks geflogen.

Die Kohlen wurden aufgeklaubt,
natürlich war das nicht erlaubt.

Es musste alles ruck, zuck geh'n.
Und ich? Ich musste Schmiere steh'n.

Denn kamen Schupos, Polizisten,
galt's diese schnell zu überlisten.

Laut musste ich dann singen,
es sollte mehr nach Heulen klingen.

Schnell war'n die Diebe dann versteckt,
die Amtsperson schien sehr verschreckt.

Ein kleines Kind, hier ganz allein?
Komm Mädchen, bringen wir dich heim!

Erntezeit

Wenn ich an meine Kindheit denke,
mein Erinnern auf die Sommer lenke,
auf die Heu- und Erntezeit –
liegt das wirklich schon so weit?

Höre noch die Sense rauschen,
oft konnt' ich erlauschen,
wie die Lerchen jubelnd singen,
sich überm Feld zum Himmel schwingen.

Sehe noch die Sonne flimmern
und die reifen Samen schimmern,
spür' den Duft von Korn und Stroh,
denk' bei mir, wie bin ich froh.

War als Kind mir das bewusst?
Heut' noch öffnet's mir die Brust,
seh' ich an des Feldes Saum
einen alten Maulbeerbaum.

Damals hab' ich dort gesessen,
mittags aus dem Korb gegessen.

Mit der Puppe in der Hand
schaute ich auf's Ernteland.
Wie die Ernteleute haben
kunstvoll aufgebaut die Garben!

Wie oft bin ich hinein gekrochen,
war vom Stroh total zerstochen,
meine Kniee ganz zerschunden,
geblutet haben diese Wunden.

Weinend ich zur Mutter schlich.
Sie pustete – der Schmerz entwich.

Pellkartoffeln und Zwiebelstippe

Oma Brendes kocht' das Essen,
auf der Eckbank haben gesessen
Mutter, Bruder, Opa, ich –
ich nicht von Opas Seite wich –
vor dem blankgeputzten Tische.

Denn es gab die gartenfrische
köstlich, leck're Zwiebelstippe,
Pellkartoffeln aus der Kippe,
einfach auf den Tisch gekullert.
Der Ofen hat dazu gebullert.

In der Küche war die Luft
angefüllt mit Zwiebelduft.

Jetzt griff Opa zu dem Peller,
schob Kartoffeln auf den Teller,
die mit der Gabel er zerdrückte
und mit Stippe gut bestückte.

Wenn Opa dann zum Essen kam,
den Priem er aus dem Munde nahm.
Ich sehe noch das schwarze Ding,
wie es an seinem Teller hing.

Geh' ich heute
und sehe Leute,
wie sie Haribo-Lakritze kaufen,
weg möcht' ich am liebsten laufen.
Sollt' mein Blick mich darauf lenken,
muss ich an Opas Priemen denken.

Der Sonntagnachmittagsspaziergang

Sonntags nach dem Mittagessen
gemütlich haben wir gesessen.
War die Küche dann erst rein,
machte mich die Mutter fein.
Spazierengeh'n, so hieß der Gang,
der war meist zwei Stunden lang.

Dann trug ich das gesmokte Kleid,
der Rock, bis zu den Knien, glockig weit.

Wenn ich mich vor dem Spiegel drehte,
der Rock mir bis zur Taille wehte.
Puffärmel hatt' es und zwei Bubikragen,
die doppelt aufeinander lagen.

Dazu noch blütenweiße Socken,
zwei Riesenschleifen in den Locken.
Und auf dem Kopf,
nein, nein, kein Zopf
stattdessen eine Rolle,
doch die war meistens eine Tolle.

Und Mutter schick mit Einschlagfrisur,
mit buntem Kleid und Sonntagsuhr.

Und Vater? Dunkler Anzug, weißes Hemd,
die Haare flott, mit Brisk gekämmt.

Doch erst mein Bruder Klaus,
die Hose kurz, die Haare kraus,
das Hemd gestärkt und schön kariert,
so sind wir aus dem Haus marschiert.

Sonntäglich heiter, sonntäglich munter,
auf Wiesenwegen bis zur Schunter.

Ich vorneweg, nicht wartend,
und erst recht nicht achtend
auf Kleid und Socken oder Schleifen.
Suchend ließ den Blick ich schweifen,
nach den bunten Schmetterlingen,
wollt' sie mit nach Hause bringen.

Nur selten ist mir das gelungen,
hab' sie gejagt, gelockt, besungen,
gehüpft bin ich, gerannt, geflogen,
die Pfütze hat mich angezogen.

Schon lag ich drin,
Oh, das war schlimm.

Die Knie kaputt, das Kleid verschmutzt,
ich schaute meistens nur verdutzt
auf Vater, Mutter, welch ein Schelten,
und gar nicht selten,
gab's heftig was auf beide Ohren,
die Schleifen hatt' ich auch verloren.

Der Sonntag, der so schön begann,
sehr oft im Tränenstrom verrann.

Zuckerrübenbrotaufstrich

Was Süßes musste auf den Tisch.
Wir waren da erfinderisch.
Zuckerrüben war'n der Hit,
vom Felde nahmen wir sie mit.

Heimlich schnell nach Haus gekarrt,
im Garten eilig dann verscharrt,
um bei Bedarf sie auszugraben,
sie zur Not vor Ort zu haben.

Denn solche Rüben sind an sich
ja lange noch kein Brotaufstrich!
Weil Rüben auf dem Feld gedeihen,
muss man sie erst vom Schmutz befreien.

Das Waschhaus war von großem Nutzen,
es diente uns zum Rübenputzen.
Mit Bürste und von Hand geschrubbt,
dann in den Häcksler reingewuppt.

Die Rüben wurden hier zerkleinert,
die großen Stücke noch verfeinert.
Das alles nur aus eig'ner Kraft.
Wie hat man das denn nur geschafft?

Viele tausend Rübenteile,
kochten eine ganze Weile.
Und wir? Wir haben unentwegt,
im Kessel alles rund bewegt.

Ein süßer Saft trat bald hervor,
stieg langsam bis zum Rand empor.

Mit großem Löffel wurd' geschöpft,
der süße Rübensaft geschröpft,
in Eimer, Gläser eingefüllt
und mit Cellophan verhüllt,
mit Einweckgummi festgespannt,
im Vorratskeller dann verbannt.

Jedoch, es ist auch vorgekommen,
ich erinnre mich verschwommen,
da fing der Kessel an zu glüh'n,
der Saft fing schaumig an zu blüh'n,
er hat sich festgesetzt am Rand,
die Sirupsuppe war verbrannt.

Mutter wurde fast verrückt,
ich aber hüpfte ganz verzückt.

Für mich bekam der Saft den Pfiff,
seinen ganz besondren Schliff,
er schmeckte so markant,
war er ein wenig nur verbrannt.

Heute gibt es Rübensaft zu kaufen,
man braucht dazu nicht weit zu laufen.
Ich habe viele ausprobiert,
sie alle wieder aussortiert.
Mir fehlte die bewusste Note
auf meinem frischen Butterbrote.

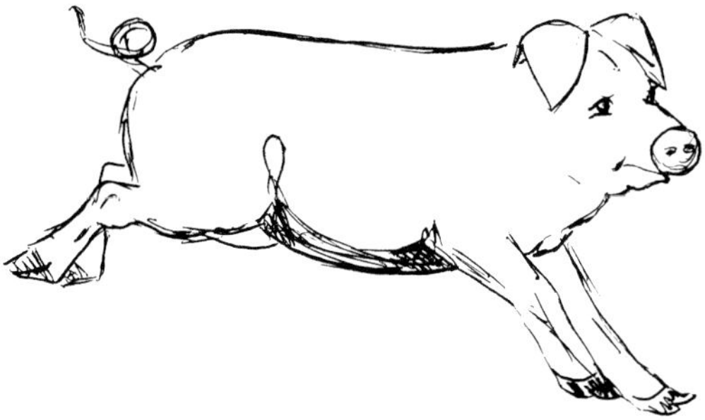

Selbstversorger

Ein Schwein zu halten war ein Muss.
So kamen wir zu dem Entschluss,
ist erst im Stall ein fettes Schwein
kann man ein Selbstversorger sein.

Oh ja, wir mussten überleben,
der Staat, der hat uns nichts gegeben.

Im Herbst, da war es meist soweit,
geschlachtet wurde landesweit.

Einst hat's ein Schwein geahnt,
dass nun sein irdisch' Ende naht.

Das Schwein in seiner Not
sah – was wohl? – rot!

Es dachte, ganz von Sinnen,
wie kann ich dem entrinnen.
Ich muss hier schleunigst 'raus,
sonst ist's mit meinem Leben aus.

Plötzlich sah's das große Tor.
Wie Hades stand davor,
dem Schwein direkt ins Auge blickend,
auf den Zehen ganz leicht wippend,
Oma Brendes – kühn zum Fang bereit –
die Arme und die Beine breit.

Das Schwein ist im Galopp gekommen,
hat Oma einfach hops genommen.

Rücklings saß sie auf des Schweines Rücken,
wir johlten – teils vor Schreck, teils vor Entzücken.

Das Schwein, es setzte an zum Spurt,
doch Schweine haben keinen Gurt.
Oma saß nicht lange drauf,
fiel herab beim Dauerlauf.

Das Schwein, zum Reittier umgewandelt,
hat so sein Leben eingehandelt.

Omas Kaninchenfleischpastete

Exquisit die Speise,
wie mitgebracht von weiter Reise
aus dem fernen Frankenreich,
fest und doch auch weich:
Omas Spezialpastete.
Gewalkt, gedrückt, so wie bei Knete,
durch den Fleischwolf durchgepresste
Stücke Fleisch, Leber und die Reste
fetten Specks, sorgsam abgestimmt
mit Gewürzen, die man dazu nimmt:

Pfeffer schwarz, vom Salz 'ne Prise,
auch Thymian von der Kräuterwiese,
vom Lorbeer noch ein Blatte,
wenn man es denn hatte.

Die Mengen sind mir nicht bekannt,
denn Oma würzte aus der Hand.

Das alles kochte eine Weile,
ganz langsam, ohne jede Eile.
Und Oma hat gerührt, probiert,
dass der Geschmack sich nicht verliert.

Dann eingefüllt in die Terrine,
diese stand in der Vitrine.
Jetzt kam sie in den Vorratsraum.
Doch man glaubt es kaum,
Geister gab es hier, die raubten
und aus der Schüssel klaubten
sie ein riesengroßes Stück.

Das war nicht ich! Zu meinem Glück
war das Gespenst ja längst entwischt,
wenn die Terrine aufgetischt.

Der Geschmack liegt mir noch auf der Zunge,
noch zieht der Duft durch meine Lunge.
Ach, könnt' ich sie noch mal probieren.
Ich würde es bestimmt riskieren
und würde alles eingesteh'n,
der Strafe würd' ich ja entgeh'n:
Das damals unbekannte Wesen,
der Geist, ich bin es doch gewesen!

Fahrradchampion

Sieben Jahre lebte ich auf Erden,
träumt' ein Fahrradchamp zu werden.
Doch musste ich zum Fahren
erst einmal was haben.

Bald nach dem langen Krieg
Achtundvierzig man da schrieb.
Wo bekam man da ein Fahrrad her?
Das war wirklich furchtbar schwer.

Dem Vater ist es doch gelungen,
ein Gebrauchtes zu erkungeln.

Im Keller wurde es versteckt,
damit es niemands Neugier weckt.

Ein Herrenrad mit hoher Stange,
mir war doch ernstlich bange.
Trotz alledem, ich freute mich
und fühlte mich ganz königlich.

Es war ein echtes Klapperding,
am ganzen Rad der Rost rumhing.

Die Reifen ganz aus schwarzem Schlauch
mit porösem Vollgummibauch,
zu einem Bogen
rund gezogen,
festgezurrt mit Eisenschellen,
klappernd über Bodendellen.

Und erst diese lange,
weit gestreckte Stange!
Wie sollt' ich mit kurzen Beinen
über diese Stange steigen.

Diese Stange, sage ich verbindlich,
sie war für mich unüberwindlich.

Ich versuchte es mit Schwung
Doch so, so ohne Lenkung,
sind da im hohen Bogen
Rad und ich gleich hingeflogen.

Wenn die Beine nicht rüberkommen,
wird das Ding von schräg genommen.

Vater, Bruder gaben Halt,
bis ich selber hatt' Gewalt
über Gleichgewicht und Rad
und ich halbwegs kam in Fahrt.

Bald sauste ich mit eisernem Gesicht,
nach links verlagert das Gewicht,
ganz ohne Stütze, ohne Schaltung,
ohne mountainbike-gerechte Haltung
um so manche Straßenecke,
ließ die Profis auf der Strecke.

Ein Champion bin ich nicht geworden,
Den Spaß hat es mir nicht verdorben.

DAS BUCH

In Versform humorvoll erzählte Kindheitserinnerungen, die von Herzen kommen. Alltägliche Begebenheiten der Jahre 1941 bis 1956, die nicht in Vergessenheit geraten sollten. Zum Schmunzeln, Sich-Erinnern, zum Vorlesen und Wiederlesen.

Ein weiterer Band der Autorin – ebenfalls mit amüsanten Kindheitserinnerungen – ist unter dem Titel »Wer nicht hören will, ...« in gleicher Form 2000 erschienen.

Karin Viebach

Karin Viebach, geboren 4. Juni 1941 in Braunschweig. Aufgewachsen und frühe Jugend in Braunschweig. Von 1943–1945 evakuiert nach Isenbüttel-Gifhorn. 1945–1951 wieder in Braunschweig. 1951 Umzug nach Salzgitter-Bad. Seit 1975 lebt sie in Hannover.